¡PRACTIQUEMOS DEPORTES!

EL BALONCESTO

por Tessa Kenan

TABLA DE CONTENIDO

Palabras a saber 2

¡Juguemos! 3

¡Repasemos! 16

Índice 16

PALABRAS A SABER

canasta

cancha

lanza

pasa

red

regates

¡JUGUEMOS!

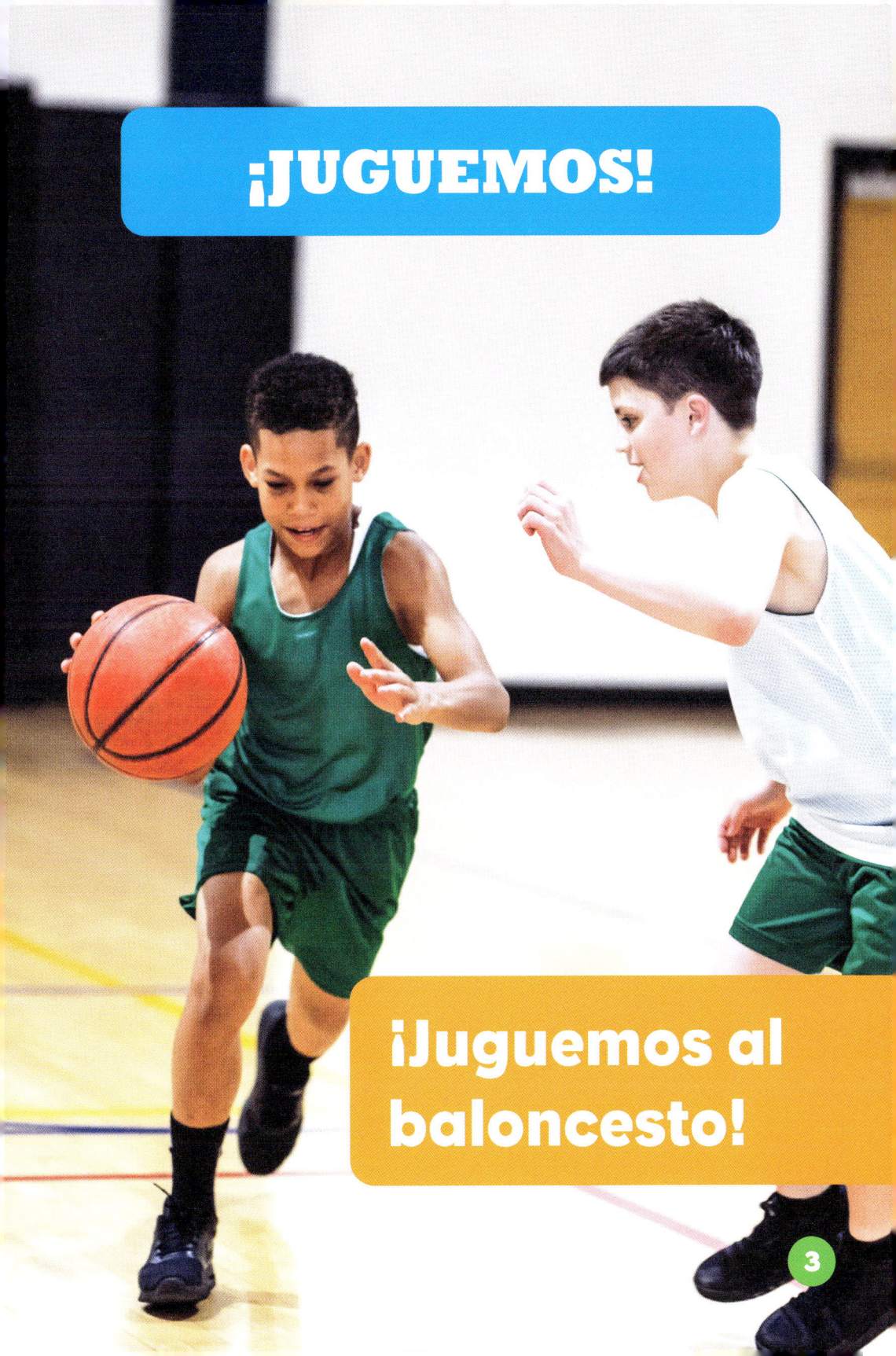

¡Juguemos al baloncesto!

canasta

Esta es una cancha de baloncesto.

canasta

Hay una canasta en cada lado.

balón de baloncesto

Este jugador hace regates con el balón.

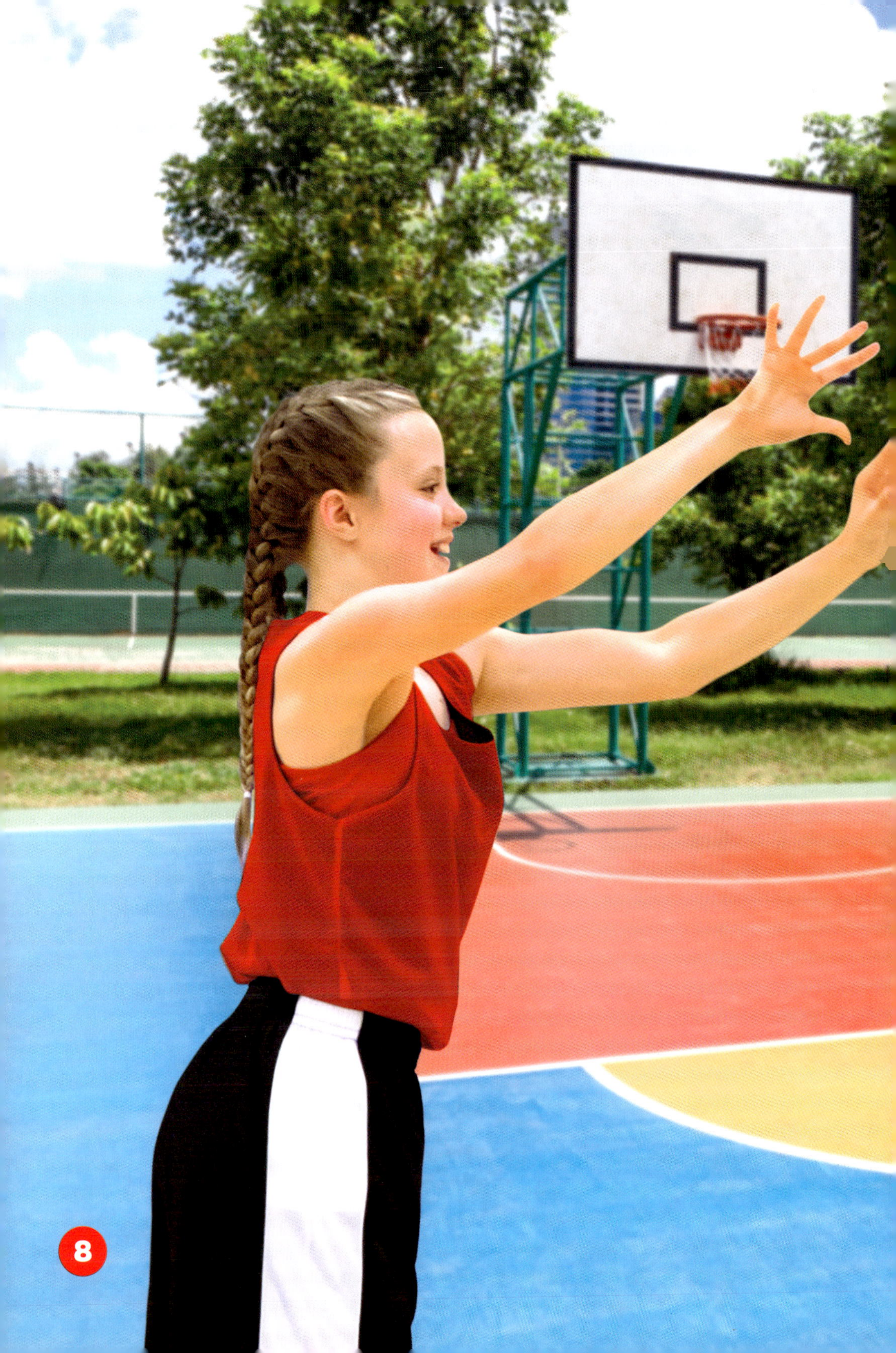

Ella pasa el balón.

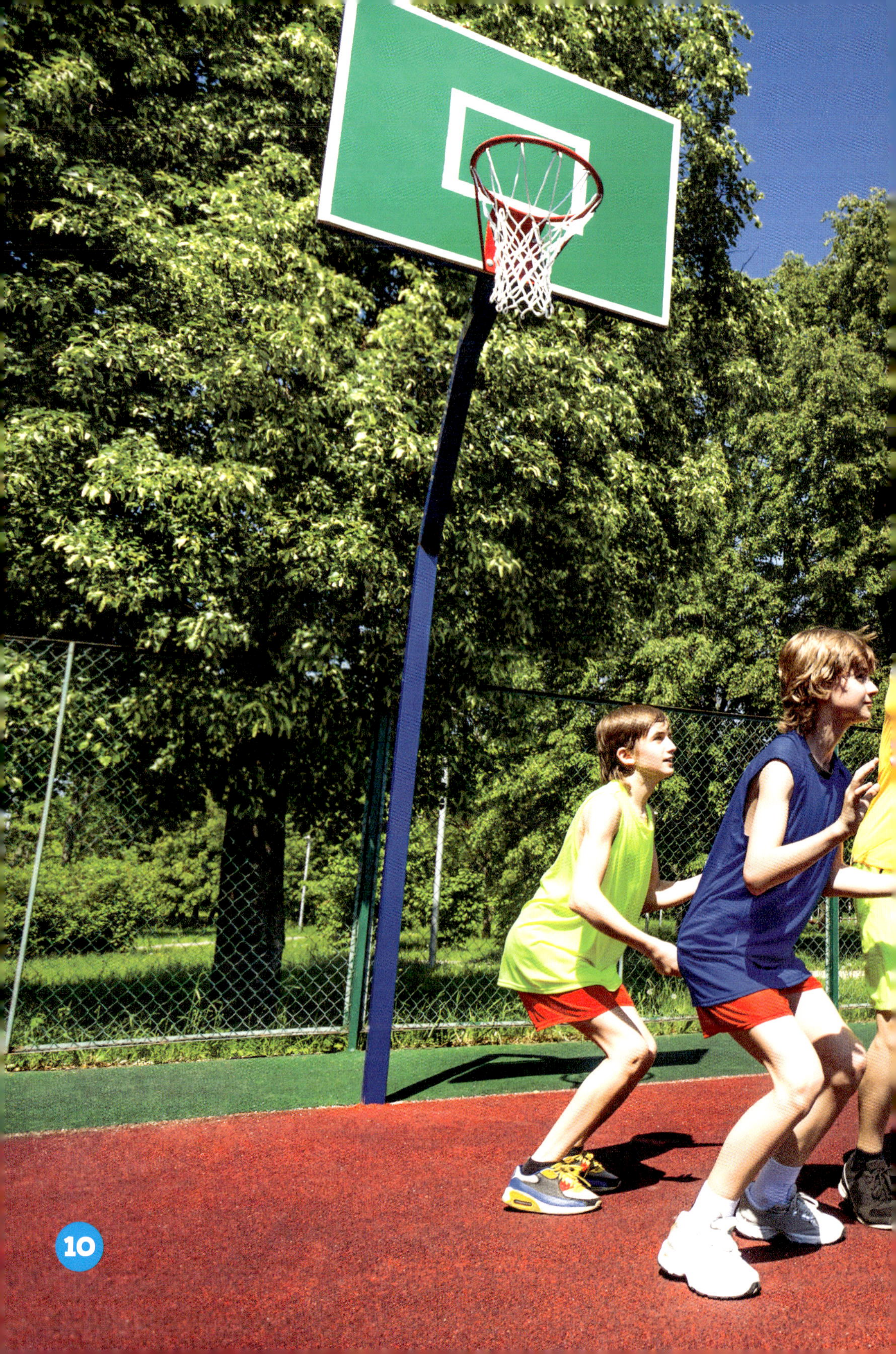

¡Él lanza el balón a la canasta!

Este cae dentro de la red.

red

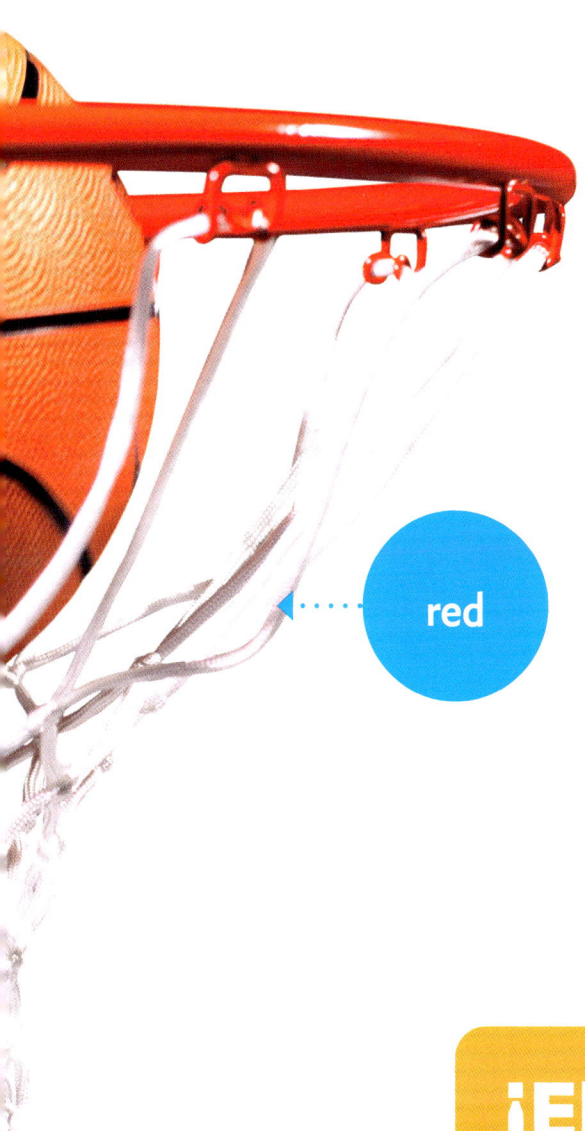

¡Ellos anotan dos puntos!

14

¿Quieres jugar?

15

¡REPASEMOS!

¿Qué está haciendo esta jugadora de baloncesto?

ÍNDICE

anotan 13
balón 7, 9, 11
canasta 5, 11
cancha 4

lanza 11
pasa 9
red 12
regates 7